AF311772

SUITE

DE

L'A B C

MUSICAL

DE

SOLFÉGE

COMPOSÉ TOUT EXPRÈS POUR SA PETITE FILLE,

PAR

A. Panseron.

Les jeunes Élèves qui auront étudié mon A B C musical, trouveront dans ce nouvel Œuvre une suite progressive d'Études, que les autres particularités en font de lui la musique de chant et de Piano, une aide pratique, ils se exerceront autant sur la clef de fa et celle de Fa, à la fin de ce petit Solfége, dont l'intérêt ne dépasse pas le Fa, ne trouvera quelques sensibles figures.

Prix : 25 francs.

L'A B C, et la SUITE de l'A B C, réunis.

Prix : 40 francs.

CHEZ TOUS LES MARCHANDS DE MUSIQUE

Et chez l'Auteur, rue Richelieu, n° 95.

Berlin, chez Schlesinger ;

BRUXELLES, chez SCHOTT frères.

Conservatoire royal
DE MUSIQUE.

Paris, ce 18 août 1840.

Monsieur,

J'ai lu attentivement les épreuves de votre *A B C musical*, et je reconnais avec plaisir que les mères de famille qui, dans leur jeunesse, se sont occupées de musique, pourront à l'aide de ce petit Solfége commencer leurs enfants. Vous avez bien fait de vous imposer la loi de ne point dépasser le *ré*, quatrième ligne de la clef de *sol*, l'apogée de la voix de cet âge; les maîtres pourront donc sans danger, et sans craindre de fatiguer le larynx, faire solfier votre ouvrage.

Cet A B C musical joint au mérite d'être aussi élémentaire et facile que le demandait sa destination celui d'être encore très mélodieux.

C'est, Monsieur, un nouveau service dont l'art vous sera redevable.

Recevez, je vous prie, l'assurance de ma parfaite considération.

L. Chollet,
Membre de l'Institut.

Paris, le 15 octobre 1840.

Mon cher Panseron,

L'Académie, en me faisant parvenir le manuscrit de ton *A B C musical*, m'a chargé de lui faire un rapport sur cet ouvrage; je l'ai lu avec le plus vif intérêt, et je ne peux que te féliciter d'avoir eu une aussi heureuse pensée et de l'avoir aussi bien mise en œuvre; car, malgré le mérite bien reconnu de ton excellent *Traité de Vocalisation*, ton dernier livre vient de nous apprendre qu'il y manquait une chose indispensable, surtout dans tout ouvrage élémentaire, c'est-à-dire un exercice avant d'entrer en matière, et celui-ci remplit parfaitement cette fonction.

Mais ce dont je te loue particulièrement est d'avoir eu la pensée d'écrire toutes les leçons dans un diapason restreint et qui ne peut fatiguer l'organe vocal des jeunes enfants par sa trop grande étendue, surtout dans les cordes hautes de la voix, ce qui se rencontre très fréquemment dans tous les Solféges en usage. Cette pensée est excellente et toute paternelle; il est donc naturel qu'elle ait pris naissance dans l'âme de Panseron, que son vieux professeur félicite de nouveau et embrasse de tout son cœur.

H. Montan-Berton,
Membre de l'Institut.

Conservatoire royal
DE MUSIQUE.

Bruxelles, le 12 septembre 1840.

Monsieur,

J'ai lu avec attention l'ouvrage élémentaire intitulé : *A B C*, etc., que vous avez soumis à mon examen; je me suis pénétré de l'objet que vous vous proposiez, et j'ai acquis la conviction que la marche simple et progressive que vous avez suivie atteindra complétement le but de rendre plus facile aux enfants la première instruction des principes de la musique, de ne point fatiguer leur organe vocal, et de donner aux mères de famille un guide sûr pour qu'elles puissent diriger elles-mêmes les progrès de leurs enfants. Je vous félicite, Monsieur, sur ce travail, dont le succès me paraît certain, et qui est un nouveau service rendu par vous à l'art.

Agréez l'assurance de ma parfaite considération.

Fétis,
Maître de Chapelle du Roi, Directeur du Conservatoire royal de Musique.

INSTITUT DE FRANCE.

ACADÉMIE ROYALE DES BEAUX-ARTS.

Paris, le 10 Novembre 1840.

Le Secrétaire perpétuel de l'Académie certifie que ce qui suit est extrait du procès-verbal de la séance du samedi 7 novembre 1840.

RAPPORT FAIT A L'ACADÉMIE DES BEAUX-ARTS, AU NOM DE LA SECTION DE MUSIQUE, SUR UN NOUVEL OUVRAGE DE M. AUGUSTE PANSERON, AYANT POUR TITRE A B C MUSICAL.

MESSIEURS,

Le 12 octobre 1839 j'ai eu l'honneur de présenter à l'Académie, au nom de la section de musique, un rapport sur la méthode complète de chant composée par M. Panseron. Les conclusions de ce rapport étaient toutes favorables à cet intéressant ouvrage, et l'Académie leur a accordé son honorable approbation. Depuis, M. Panseron, en véritable artiste, a pensé que ce n'était pas assez d'avoir bien fait, qu'il fallait chercher à faire mieux encore. Nous croyons qu'il a atteint ce but dans son nouvel ouvrage. En effet, puisque la musique est un idiome particulier, on doit commencer par faire connaître aux élèves l'alphabet particulier dont on forme son langage, et c'est ce que l'auteur a fait avec une lucidité parfaite, même pour les plus jeunes enfants; aussi a-t-il donné pour titre à son livre A B C MUSICAL. Cet opuscule peut être considéré comme la préface ou l'exorde de sa Méthode de chant. Mais ce dont on ne saurait trop le louer, c'est d'avoir, dans l'intérêt hygiénique de l'organe vocal chez les jeunes enfants, composé une série de leçons progressives dans un diapason très restreint, dont la plus grande extension ne passe presque jamais le parcours d'une octave et rarement d'une dixième, en partant de do ou ut grave. C'est un grand service rendu à la jeunesse studieuse dont on fatiguait et brisait souvent le frêle organe en lui faisant crier les leçons de nos meilleurs solféges, qui, en général, ne sont écrites que pour des voix formées. Cette idée de l'auteur nous semble être, si l'on peut s'exprimer ainsi, une idée philanthropique; c'est celle d'un bon père de famille mise en œuvre par un habile théoricien.

Nous pensons donc, Messieurs, que l'Académie fera encore une chose juste et profitable à l'art musical en accordant son encourageante approbation aux conclusions de notre rapport.

Signé à la minute : *Cherubini, Auber, Halevy, Carafa et Bertin, rapporteur.*

Certifié conforme :

Le Secrétaire perpétuel de l'Académie royale des Beaux-Arts.

RAOUL-ROCHETTE.

PRÉFACE.

En faisant l'*A B C musical*, le but de l'auteur était d'offrir sous un nouveau jour et d'aplanir par un système neuf, tendant à ne pas forcer les voix des enfants, les difficultés et confuses des premiers éléments de musique. Il ne se dissimulait pas qu'après ce premier ouvrage il en faudrait un second pour arriver à être bon lecteur, et c'est dans cette prévision, justifiée par l'expérience, qu'il publie cet ouvrage sous le titre de : *Suite de l'A B C musical*. Les leçons de ce nouvel œuvre s'étendent jusqu'au *fa*, parce que l'étude de l'*A B C*, qui ne montait qu'au *ré*, a dû développer dans le laps d'une année la voix des enfants et leur faire gagner ces deux notes.

La lecture de ce second volume, qui sert de complément au premier, servira d'introduction au grand solfége complet et sur toutes les clefs, à l'usage des artistes, auquel l'auteur travaille en cet instant, et qui paraîtra l'an prochain en même temps qu'un solfége à plusieurs voix pour former l'oreille et habituer les élèves aux morceaux d'ensemble. L'auteur espère pouvoir affirmer que l'élève qui aura lu ces quatre volumes, tous écrits pour se faire suite, sera après cette étude excellent musicien.

L'auteur croit devoir rappeler ici qu'outre ses deux méthodes de chant, à l'usage de toutes les voix, l'*A B C musical* a de même reçu les approbation et adoption de MM. Cherubini, directeur du Conservatoire de musique à Paris, et de MM. les directeurs des Conservatoires de musique en Belgique, ainsi que les suffrages de MM. Berton, Meyerbeer, Ponchard, Lablache, Tamburini, Duprez, Levasseur et madame Damoreau.

TABLE DES MATIÈRES.

Suite de l'A, B, C, musical.
Moderato. (Maelzel = 72.)
Moderato. (Maelzel = 72.)
N.º 1.
N.º 2.
mf
p
p
mf
p
Liez bien les sons.

(1) L'étoile, ainsi que la petite accolade placées en tête de la partie vocale, sert à guider l'œil de l'élève lorsqu'il doit passer à une ligne nouvelle.

(1) Les silences équivalent à des virgules.

Moderato. (Maelzel ♩=100)
p
N.° 4.
Moderato. (♩=100)
p
N.° 5

Moderato. (♩ 100.)
N.º 6.
p
p
p

Leçon sur la clé de Fa.

Moderato. (♩=88.)
N.º 8.
Moderato. (♩=100.)
N.º 9.

16
Moderato. (♩ = 108.)
N° 10.
p
p
p

Allegretto.
N.° 11.
p
mf

Lorsque l'élève aura acquis l'habitude de bien battre la mesure, il faudra le faire solfier sans la marquer.
Andantino. (♩ = 96.)
Nº 12.
p
p
p
f
f
p
p

Après avoir solfié cette leçon, on pourra la vocaliser.

Andante. ($\bullet$ = 104)

N.º 13.

Vocaliser, c'est chanter sur une seule voyelle.

Vocalisez à demi voix, et liez bien les sons. Commencez par solfier cette leçon.

Moderato. (♩ = 132.)

N.º 44.

Dans la vocalisation, les notes doivent être articulées également en ne remuant ni la langue ni le menton pendant l'émission du son.

Faites observer à l'élève, que cette leçon est en Mi mineur et que le milieu est en Mi majeur.
Allegretto. (♩. 82)
N.° 16.
p
Majeur

Mineur
p
p
p

Allegretto. (♩ = 96)
N.º 17

Allegretto.
N° 18.

Andantino quasi Allegretto. ($\downarrow$ 116.)

N° 19

RODOLPHE mettait un dièse avant la clé, à la sensible, pour *faire voir* à l'élève qu'il était dans le ton mineur (Voyez son Solfège) ce procédé n'atteignait pas son but. Il en résultait que l'élève loin des leçons de son maître ne pouvait rien savoir.

Jadis les maîtres faisaient regarder la dernière note du morceau comme moyen infaillible de reconnaître le ton; mais on pouvait encore être induit en erreur; car quelquefois un morceau finit sur la 3ce ou sur la 5te et quand le maître disait en principe à son élève, que la dernière note finissait sur la tonique, il se trompait donc.

Renoncez à tous ces procédés qui n'ont rien de certain. Dans les cas ordinaires un Solfégien peut trouver en quel ton l'on est; mais il est des phrases qui demandent des connaissances harmoniques.

Je recommande aux élèves de bien savoir les pages 47, 48, 49, 52, 53, 54 et 55. de mon A, B, C.

Andantino. (♩ = 94)
N° 20
DES PAUSES À COMPTER.
Une Pause
2 Pauses.
3 Pauses.
4 Pauses.
5 Pauses.
6 Pauses.
7 Pauses.
8 Pauses.

On n'écrit pas toujours le nombre des pauses au dessus des signes; on se sert aussi d'abréviations pour cette sorte de silence.

Lorsqu'un musicien a un grand nombre de pauses à compter, le copiste ou le graveur doit prendre le soin de donner une réplique.

La réplique doit se tracer en petites notes.

Je ne saurais trop recommander au professeur de s'assurer que l'élève sait bien son tableau des valeurs, ainsi que celui des silences; je l'engagerai à toutes les leçons à lui faire des questions en comparant l'un et l'autre.

Quelques fois on se sert du double ♯ il se marque ainsi: x ou 𝄪 il hausse la note dièsée d'un second demi ton. Le double bémol s'emploie comme le double dièze et il a la même action en sens contraire, c'est à dire qu'il baisse la note bémolisée d'un second demi ton, on le marque ainsi ♭♭. Lorsque l'on veut retirer ce double accident voici comment on se sert du ♮ qui est ordinairement le signe qui remet la note dans le ton naturel ♯♮ ou bien ♭♮.

Ne répétez jamais la note syncopée.

Andantino. (♩ 100)

N.º 22.

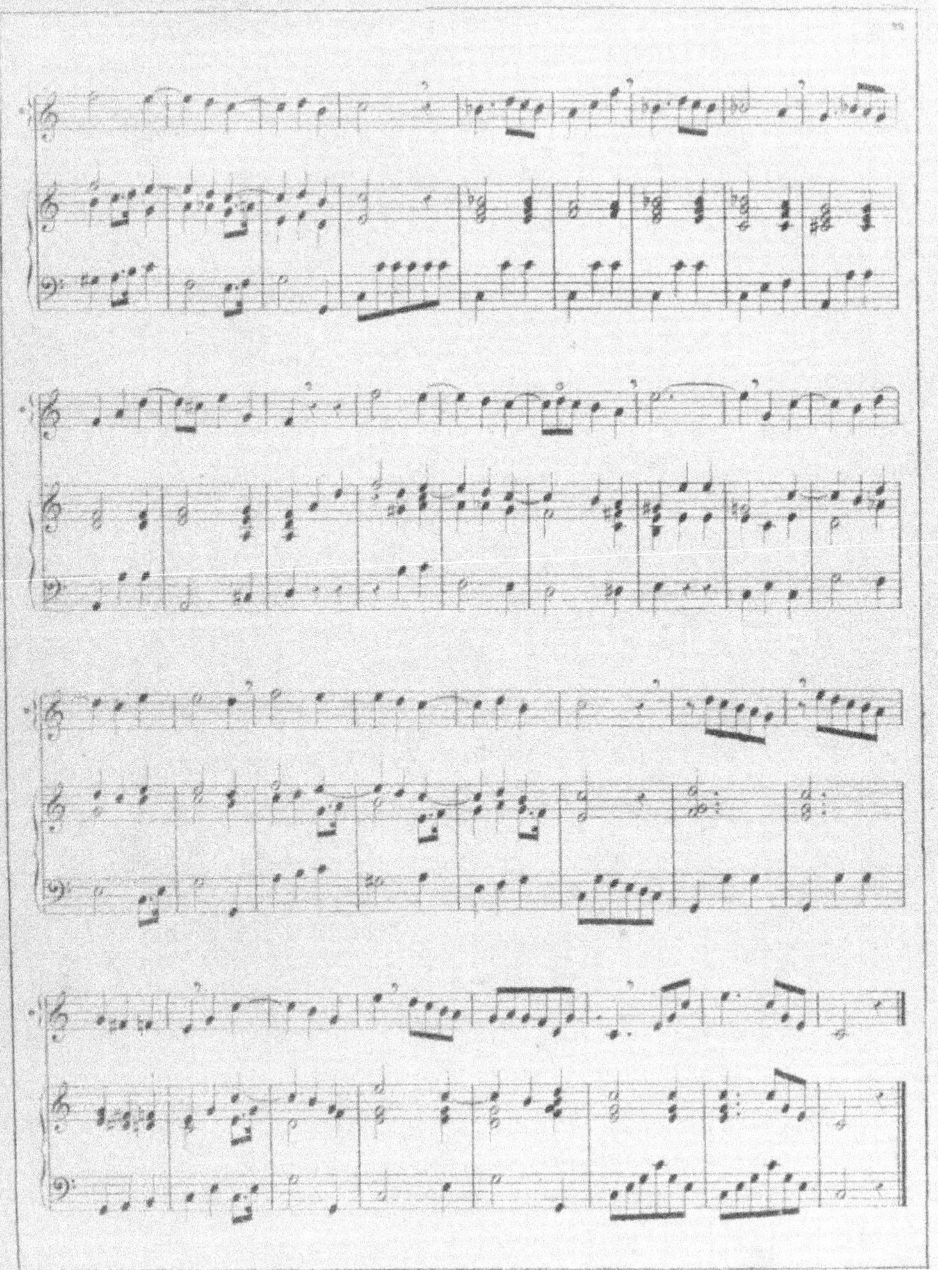

Après avoir solfié cette leçon faites la vocaliser sur la syllabe A.

Andante. (♩= 108)

N.° 23.

Andante (♩ 100.)
N° 24.

Andante. (♩ = 104)
N.° 25
p
p
cresc.
cresc.
f
f

LEÇON pour étudier les syncopes.

Allegretto. (♩ = 108.)

N.º 26

Profitez de cette leçon pour faire repasser à votre élève le principe des syncopes dans l'A, B, C.

Faites bien observer à l'élève les 12 croches qui composent cette mesure et qu'il faut trois croches ou une noire pointée pour chaque tems.

Andante. (♪ 108.)

Faites bien repasser à votre élève le tableau des intervalles, et de leurs renversemens assurez vous souvent qu'il le sait bien par cœur et qu'il le comprend bien dans tous les tons, faites lui beaucoup de questions, il faut qu'il sache parfaitement ses mnémoniques

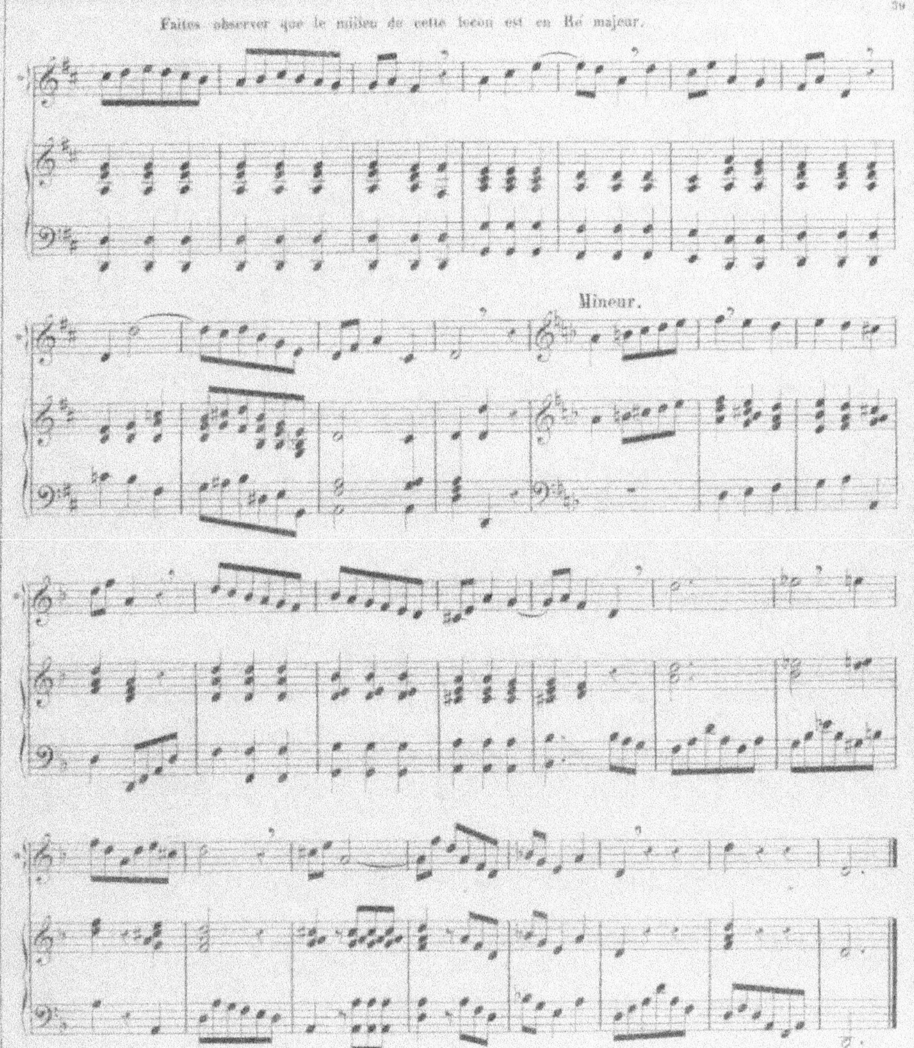

Si ce petit solfége était encore trop haut, quoique ne montant qu'au Fa, le professeur ferait bien de le faire solfier avec ménagement surtout dans les notes élevées; il vaudrait mieux revoir une seconde fois l'A, B, C, qui ne monte qu'au Ré et attendre que la force de l'élève vint avec le tems et avec l'age, il faudrait profiter de ce tems pour parfaitement s'assurer des principes qui sont écrits dans ces deux petits solféges et faire lire les leçons sans les chanter. Gardez vous bien de forcer la voix de vos jeunes élèves

Cette leçon ne doit point se vocaliser à cause des notes répétées.

Allegretto. (♩ 112.)

N.º 29.

GAMME en Si ♭ majeur et Variations.
Allegretto. (♪ 144.)
N° 30
N° 31. Modérato. (♩ 144.)
1.ᵉ Var.
2.ᵉ Var.
3.ᵉ Var.
4.ᵉ Var.
5.ᵉ Var.
6.ᵉ Var.
7.ᵉ Var.
8.ᵉ Var.
9.ᵉ Var.
10.ᵉ Var.
p
p
p
p

DES LIGNES ADDITIONNELLES.

On nomme lignes additionnelles les lignes ajoutées en dessus ou en dessous de la portée musicale.

On a remarqué dans la portée que, de ligne en ligne, on obtenait des intervalles de tierce; il en est de même pour les lignes additionnelles.

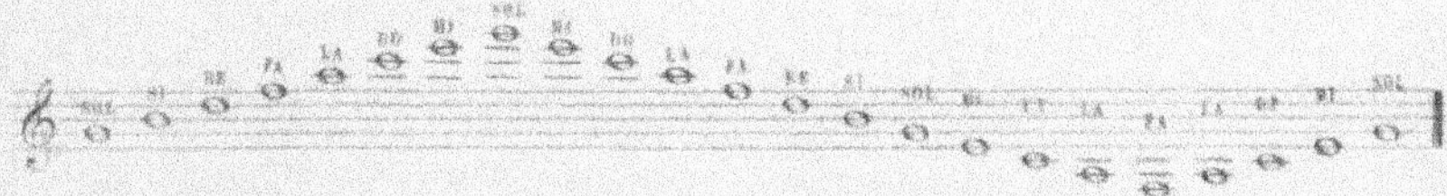

Au piano ou à un instrument aigu, lorsqu'une phrase est longtems dans le haut, pour éviter d'employer les lignes additionnelles, on écrit à l'octave inférieur, et l'on met 8ᵛᵃ.

Et lorsque l'on veut revenir à l'8ᵛᵃ ordinaire on met *Loco*, mot Italien qui signifie en **son** lieu et place.

Sans ces conventions on serait obligé d'écrire ainsi:

Ce qui est plus pénible pour l'œil.

Ce qu'il y a de plus difficile à lire en musique, ce sont les lignes additionnelles et les intervalles disjoints; on conçoit que les intervalles conjoints soient faciles, car lorsque l'on connait le do on voit bien que la note au dessus doit être ré, et que la note au dessous doit être si. 🌸

Allegretto quazi Andante. (♪ = 100)
N.º 32
p
p

THÊME varié en Sol mineur.
N.º 33. Andante.
1.º Variation.
2.me Var.
3.me Var.
4.me Var.
5.me Var.
6.me Var.
7.me Var.
8.me Var.
9.me Var.
p
Ralentisser un peu les Variations difficiles.

DE LA FORMATION DE LA GAMME MINEURE

Avant d'étudier cette gamme, il faudra s'assurer que l'élève sait bien composer toutes les gammes majeures dans tous les tons, ensuite s'assurer aussi que l'élève trouve bien les relatifs des tons majeurs. S'il ne les sait pas bien, faites lui repasser les pages 47, et 48, de mon A, B, C.

Il y a plusieurs manières de former cette gamme elle se fait en montant avec la 6ᵉ mineure ou avec la 6ᵉ majeure, mais premièrement, nous l'étudierons avec la 6ᵉ mineure, étant la plus normale et la moins accidentée nous commencerons par étudier le relatif d'Ut majeur qui est La mineur.

Exemple.

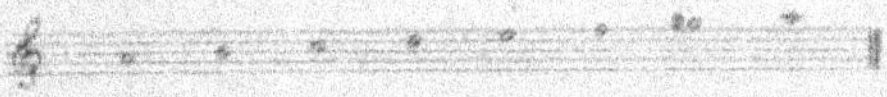

Vous remarquerez qu'elle se forme des mêmes notes que la gamme d'Ut son relatif majeur, avec la seule exception que la note sensible de ton mineur est haussée d'un demi-ton.

Ainsi la gamme Ré mineur vous la formez avec les notes du ton de Fa en haussant la sensible qui est Ut ♯. De même dans tous les tons. Faites beaucoup de questions et surtout donnez des exemples.

On doit faire écrire à l'élève toutes ces gammes, et ensuite lorsqu'elles sont bien corrigées, il faut les lui faire apprendre par cœur.

J'engagerai le professeur à revenir souvent à ces principes. Une fois que l'élève saura bien former ainsi cette gamme mineure, la 2ᵉ manière avec la 6ᵉ majeure sera bien facile à comprendre. Cette seconde gamme est plus vocale, en ce qu'il n'y a pas l'intervalle de 2ᵉ augmentée de la 6ᵉ à la 7ᵉ note.

Il faudra aussi que le professeur s'assure que l'élève a bien retenu son tableau d'intervalles, afin qu'il comprenne la différence de la 6ᵉ mineure à la 6ᵉ majeure et qu'il sache bien ce que c'est qu'une seconde augmentée voyez les pages 17, et 18, de l'A, B, C.

VOICI LES DEUX MANIÈRES DE FAIRE LA GAMME MINEURE

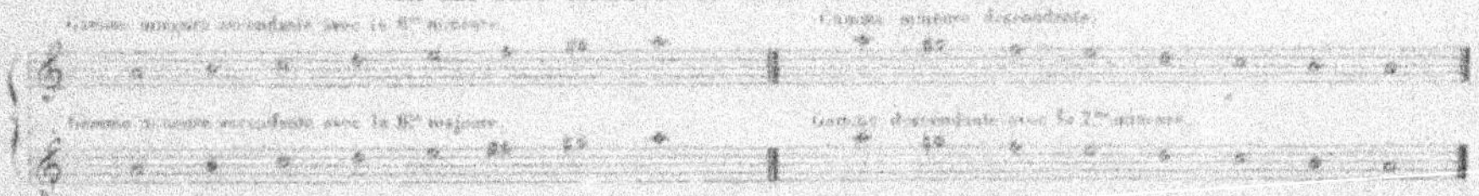

Vous ferez bien observer à l'élève que la sensible de la gamme mineure doit être toujours haussée d'un demi-ton, quelle que soit la note; ainsi, si la note formant la septième est bémolisée, il faut la hausser par un ♮ et si elle est naturelle, il faut la hausser par un ♯; et si elle est déjà diézée il faudra la hausser par un double dièze; donnez toujours des exemples à vos élèves, souvent la théorie ne suffit pas pour se faire bien comprendre.

EXEMPLES DE TOUTES LES GAMMES MINEURES

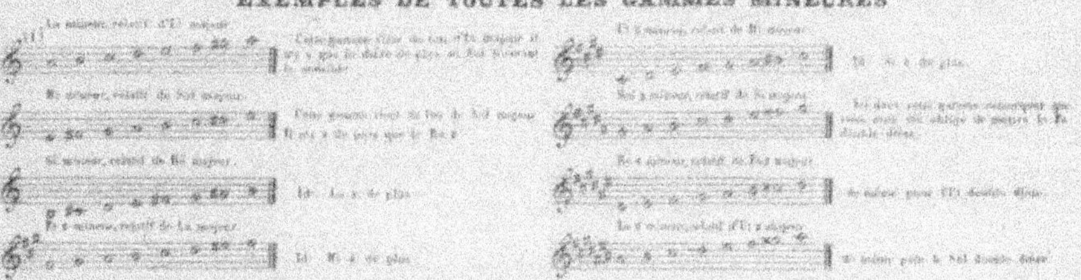

MÊMES PRINCIPES POUR LES TONS MINEURS AVEC BÉMOLS.

Assurez-vous toujours que la gamme mineure est le relatif de tel majeur, et sachez quels sont les accidents qui entrent dans ce ton majeur. Servez-vous en pour la gamme mineure et haussez la sensible du mode mineur. Ce procédé est infaillible.

(1) Dans les 1ᵉʳˢ gammes mineures avec un et 2 ♯ ou et 2 ♭ je n'ai point mis ces accidents à la clé pour que l'élève le comprenne mieux.

Allegretto
p
p
N° 54

Maestoso (= 104.)
N° 35
p
p
p
f

GAMME en RE Majeur, et Variations.

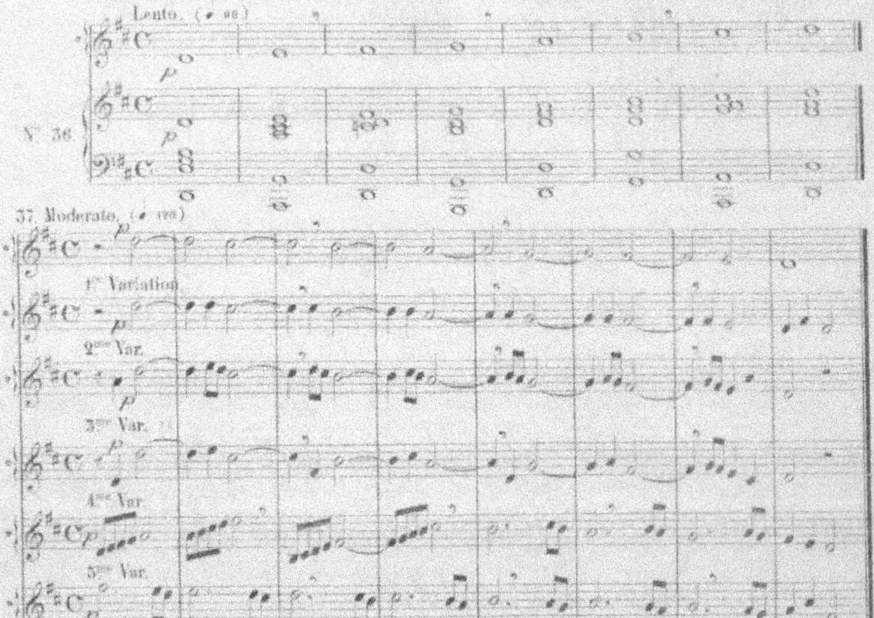

Lento.

N° 36

37. Moderato.

1re Variation

2me Var.

3me Var.

4me Var.

5me Var.

6me Var.

7me Var.

8me Var.

9me Var.

10me Var.

GAMME en Si Mineur et Variations.

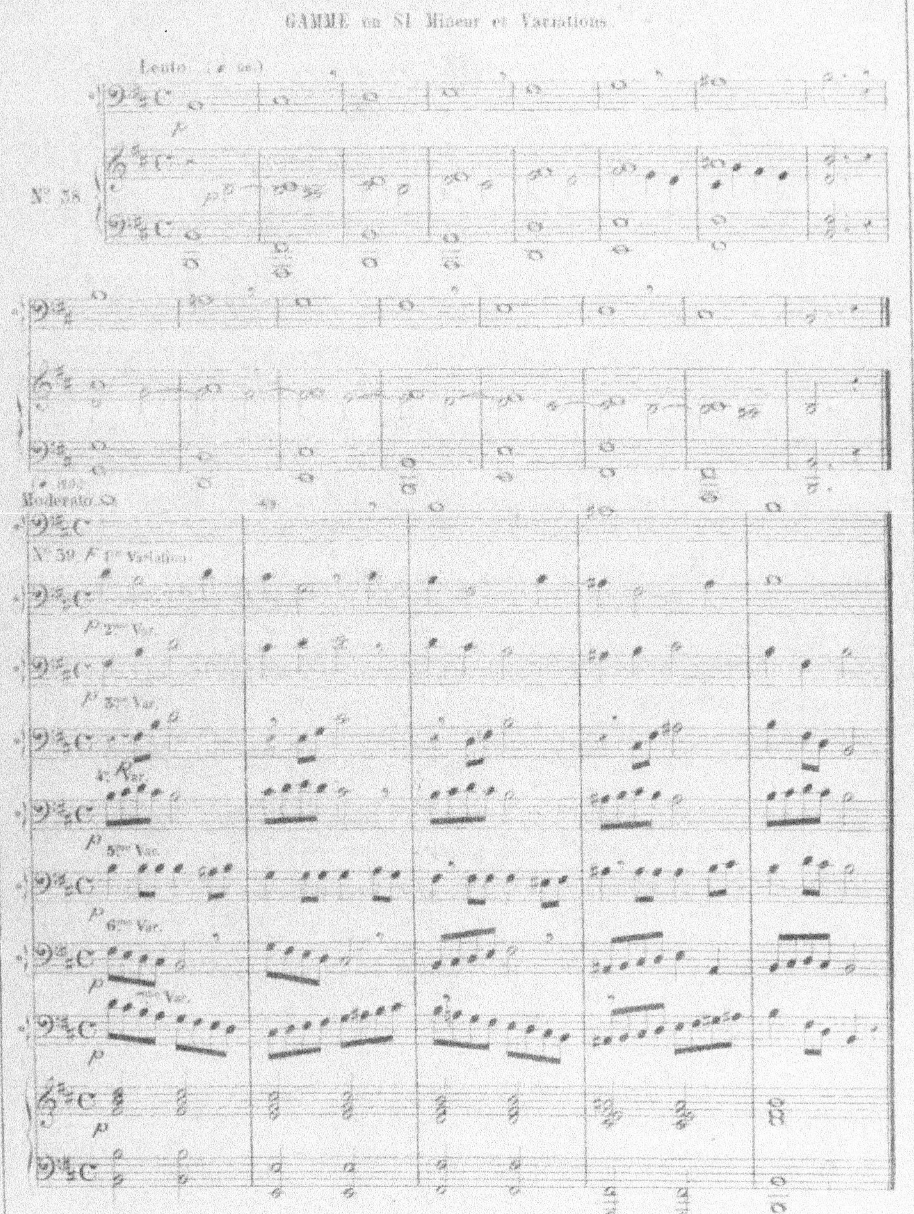

58
Solfiez cette leçon à 2 tems la 2de fois.
Andantino.
N.o 40.

DES NOTES D'AGRÉMENT.

Les notes d'agrément ou les petites notes ne comptent pas dans la mesure.

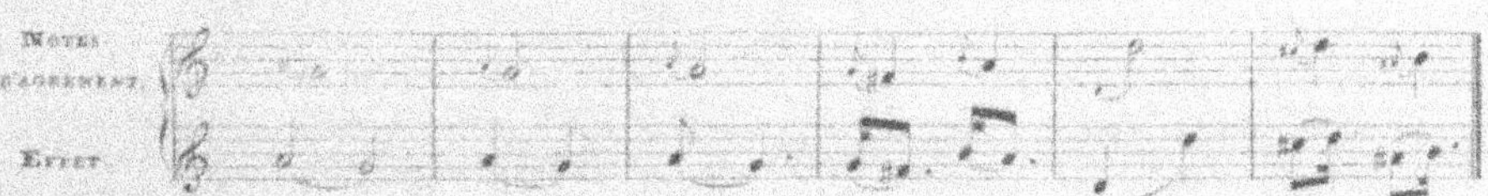

Ce système de petites notes est ancien, et comme il prêtait à diverses interprétations, les compositeurs modernes l'ont abandonné.

La petite note vaut la moitié ou le quart de la grosse, selon le goût et le style de l'exécutant.

Lorsque les petites notes sont barrées elles sont brèves.

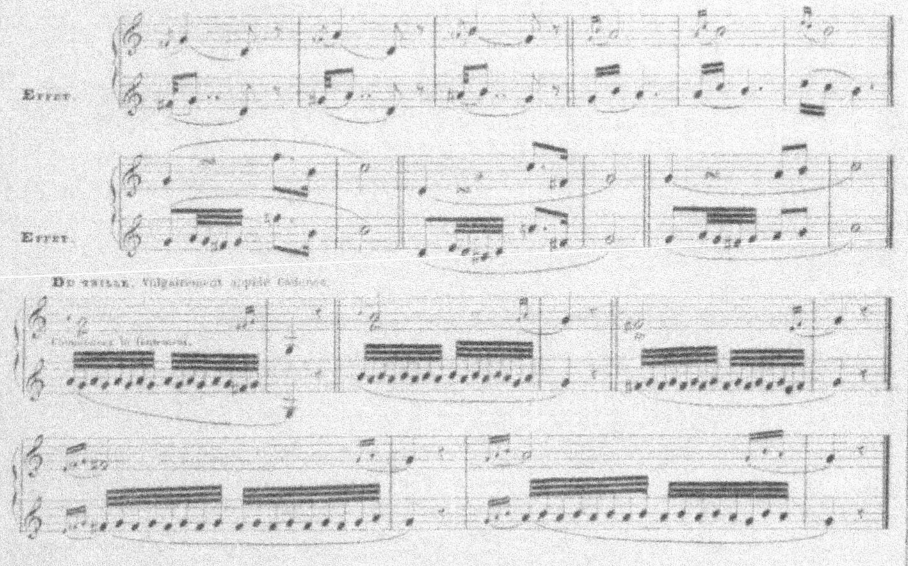

DES NUANCES ET DES ACCENS.

Il y a plusieurs espèces d'accens: le *Crescendo*, le *Decrescendo*, le *Diminuendo*, le *Lié*, le *Piqué*, le *Détaché*, le *Forte*, le *Piano*, le *Rallentando*, et l'*Accelerando*.

Ce signe /\, sert pour accentuer la note; celui-ci ⸝⸝ pour augmenter le son; et celui-là ⸍⸍ pour diminuer son intensité.

Lorsqu'on veut augmenter et diminuer graduellement la force du son sur une seule note ou sur un passage, on réunit les deux signes

NOTA. Pour les notes de goût, l'agrément, le trille, l'appogiature, etc. Voyez nos Méthodes de Chant.

Faites bien observer à l'élève les 8 croches qui composent cette mesure.
Andante.
N° 41.

Faites lui bien comprendre qu'il faut trois croches pour chaque tems ou une noire pointée ou une noire et une croche.

DES NOMS GÉNÉRIQUES DE LA GAMME

Pour éviter qu'il y ait autant de gammes qu'il y a de notes ou musique, les harmonistes ont donné des noms génériques à chaque note, par ce moyen, ils n'ont qu'une seule gamme dont voici les noms.

Tonique, Sustonique, Médiante, Sous-dominante, Dominante, Sus-dominante, Sensible et Octave.

EXERCICE EN UT	Tonique.	Sus-Tonique.	Médiante.	Sous-dominante.	Dominante.	Sus-dominante.	Sensible.	Octave.
EXERCICE EN SOL	Tonique.	Sus-Tonique.	Médiante.	Sous-dominante.	Dominante.	Sus-dominante.	Sensible.	Octave.
EXERCICE EN FA	Tonique.	Sus-Tonique.	Médiante.	Sous-dominante.	Dominante.	Sus-dominante.	Sensible.	Octave.

Il faudra bien étudier cette gamme générique et la savoir parfaitement par cœur de manière à la comprendre très bien dans tous les tons. J'engagerai le professeur à faire beaucoup de questions sur tous les tons.

Andantino quasi Allegretto (♩ 118)
N° 12.

Si la voix de votre élève est faible, ne la forcez pas sur le Fa ♯.

Allegretto (♩ = 94)

N.° 43.

66
(1) Cet intervalle de 3me diminuée est difficile à chanter juste
(M. = 92) Andante
P
N° 14
Moderato (♩ 100)
P
N° 15

CANON À L'OCTAVE
Andantino
N° 46.

DES ABRÉVIATIONS.

Voici les exemples de presque toutes les abréviations en musique.

N° 47.

84
L'élève devra remarquer que cette leçon est en Sol mineur et que le milieu est en Sol majeur.
Allegretto. (♩ = 104)
N.º 48.
p
Majeur

Mineur

GAMME en MI ♭ Majeur et Variations.
Moderato.
N.º 49
p bien lié
N.º 50 Andante.
1.ª Variation
2.me Var.
3.me Var.
4.me Var.
5.me Var.
6.me Var.

CLASSIFICATION DES VOIX, OU DE LEUR DIAPASON.

Il y a deux genres sexuels de voix: savoir les voix d'hommes, et les voix de femmes.

Les voix d'hommes se divisent en trois espèces:

La voix de Basse-taille, la voix de Baryton ou concordant et la voix de Ténor. Il existe bien aussi la voix de Haute-contre; mais elle n'est autre qu'un Ténor très aigu et bien que chantée par un homme, elle se trouve à l'unisson de la voix de Contralto, voix grave des femmes.

Les voix de femmes se divisent aussi en trois espèces:

La voix de Contralto de second dessus et de premier dessus ou Soprano.

ÉTENDUE DES VOIX.

Comme on le voit par ce tableau, la voix de Basse-taille est la plus grave de toutes, et le Soprano la plus aiguë, les autres sont donc intermédiaires.

Il n'existe pas plus de voix pareilles, que de feuilles ou de figures semblables, toutes diffèrent par quelque chose; les unes par la quantité de notes, les autres par l'intensité du son, etc.

Chaque voix doit avoir un caractère qui lui est propre.

Ainsi la Basse-taille est plus timbrée et a plus d'intensité que le Baryton; le Baryton a plus de force que le Ténor et ainsi de suite en remontant l'échelle.

Faites vocaliser cette leçon après l'avoir solfiée.
Andante
P sempre legato.
N° 51

DES VALEURS ARBITRAIRES.

Dans les notes de goût, dans les points d'orgue et dans les passages à volonté, on emploie quelquefois des valeurs arbitraires, telles que cinq doubles croches en 7, ou 9, ou 6, etc.

Dans ce cas, les cinq doivent se faire dans l'espace de quatre et on met un 5 au dessus ou au dessous des notes plus ordinairement les notes arbitraires sont en plus ainsi, 5 pour 4, 7 pour 6, 9 pour 8, etc.

Le triolet n'est pas toujours composé de trois notes, il est quelquefois composé de deux croches et d'un deux sens par au milieu.

Bien que j'aie dit page 84 dans l'A, B, C, musical que la valeur doit se diviser de deux en deux il faut sa voir que beaucoup de compositeurs ont négligé cette règle, et que souvent ils la divisent par trois, toutes mes compositions ne sont pas à l'abri de ce reproche.

Faites vocaliser aussi cette leçon.

DE LA RESPIRATION.

La respiration est le résultat de deux actes des organes des poumons. Le premier qu'on nomme aspiration, consiste a y faire entrer l'air pour les dilater, le second qu'on nomme expiration ou inspiration, consiste a chasser l'air qui était aspiré.

Après avoir aspiré une suffisante quantité d'air pour la longueur présumée de la phrase ou de la note, qu'on doit exécuter sans reprendre haleine, il ne faut pas le dépenser maladroitement, mais rester toujours libre de modifier le dégré de force que le son exige et sa direction.

L'aspiration doit se prendre à la fin de chaque phrase, si celle ci est trop longue, c'est à la demi-phrase, s'il faut aspirer dans un trait d'agilité d'égale valeur il vaut mieux le faire dans un intervalle disjoint, que dans un conjoint, ou sur une note double de valeur, ou sur un silence.

GAMME et VARIATIONS
en UT Mineur.
Moderato. (♩ = 108.)
N° 53.
même Mouvement.
N° 54
THÈME
1re Var.
2me Var.
3me Var.
4me Var.
5me Var.
6me Var.
(1) La 6me Variation moins vite.

Andantino.
N.º 55

Solfiez cette leçon avec legereté.
Allegretto.
p
p
N° 56.

Moderato ma ben marcato
N.º 57

J'engagerai l'élève à copier de la musique.
Allegretto. (♩ 100.)
N° 58
f
f
f
f
f
f
p
p

Il ne faut pas que l'élève copie la musique machinalement, mais qu'il observe bien les valeurs qui entrent
dans chaque mesure et dans chaque temps.

LEÇON pour étudier les syncopes.

Faites que les tems soient bien exacts

Appliquez vous à bien lier les sons dans la vocalisation.
Andante
bien lié
N.° 60.

Habituez l'élève à solfier sans battre la mesure.
Allegretto. (♩ = 100)
N.° 64.

L'élève qui aura étudié avec fruit ce petit solfège après avoir solfié l'A, B, C, qui le précède, pourra se servir avec succès de ma méthode de chant pour Soprano, si cet élève a de la voix il fera bien de solfier toute la 2de partie de cette méthode et s'il ne peut monter que jusqu'au Fa je lui conseillerai de prendre plutôt la 2e partie de ma méthode de Contralto. Je laisse à la prudence du professeur le choix de ces deux œuvres. Il ne doit pas oublier que c'est en ne forçant pas la voix des jeunes élèves qu'il obtiendra avec le secours de la nature le développement de cet organe.

Dans la vivacité, solfiez piano et avec légèreté.
Allegretto. (♩ 108.)
N° 62

Faites suffire cette leçon plusieurs fois, commencez le lentement et parvenez à la faire dire au mouvement
... en ... de Métronome Maelzel.

Faites vocaliser cette leçon après l'avoir solfiée.
Moderato.
N.º 65
p très lié
p

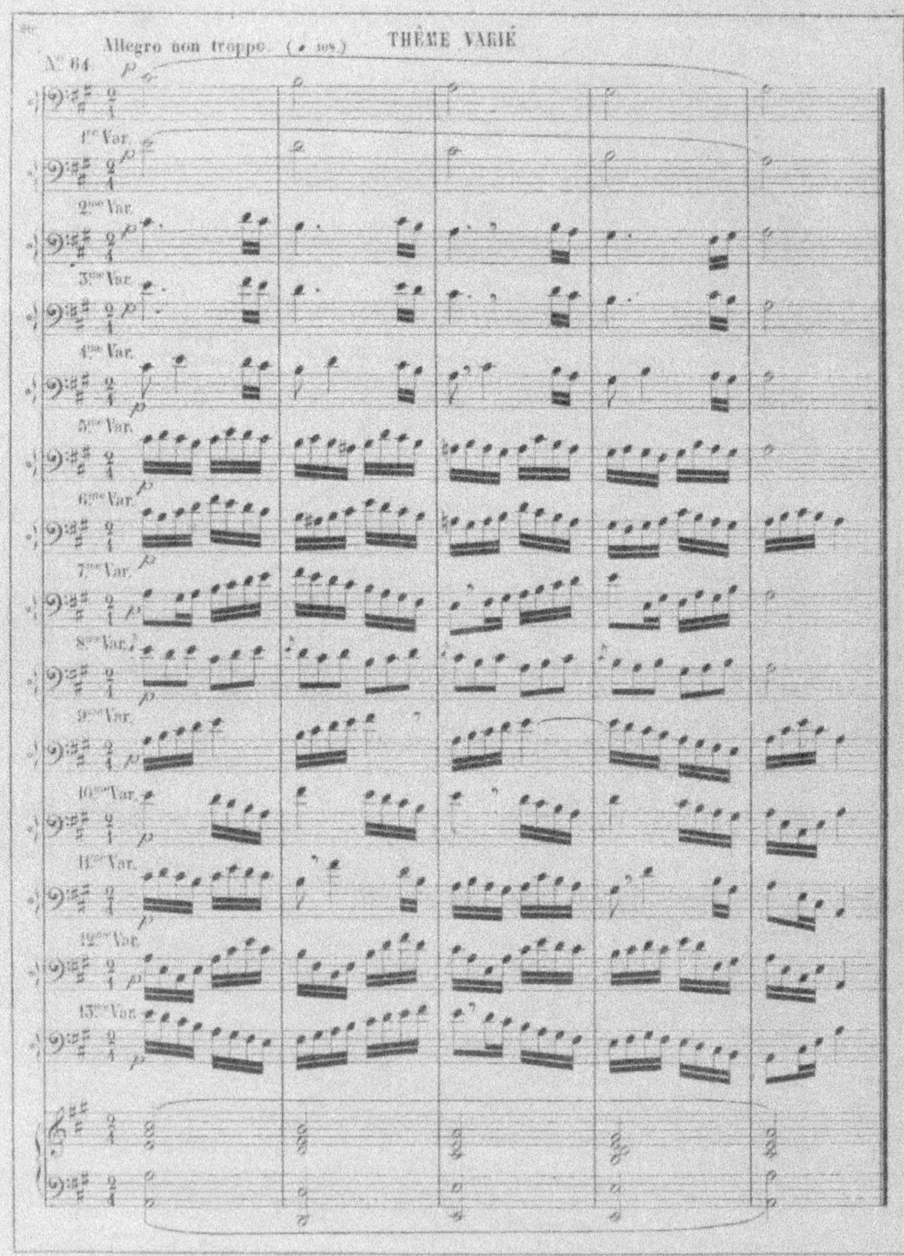

THÊME VARIÉ
Allegro non troppo.
N.° 64
1.re Var.
2.me Var.
3.me Var.
4.me Var.
5.me Var.
6.me Var.
7.me Var.
8.me Var.
9.me Var.
10.me Var.
11.me Var.
12.me Var.
13.me Var.

THÈME VARIÉ.

N° 65. Allegro non troppo. (♩ 108.)

LEÇON pour étudier les CONTRE-TEMS et les SYNCOPES.

Moderato. (♩ 116.)

N.º 66.

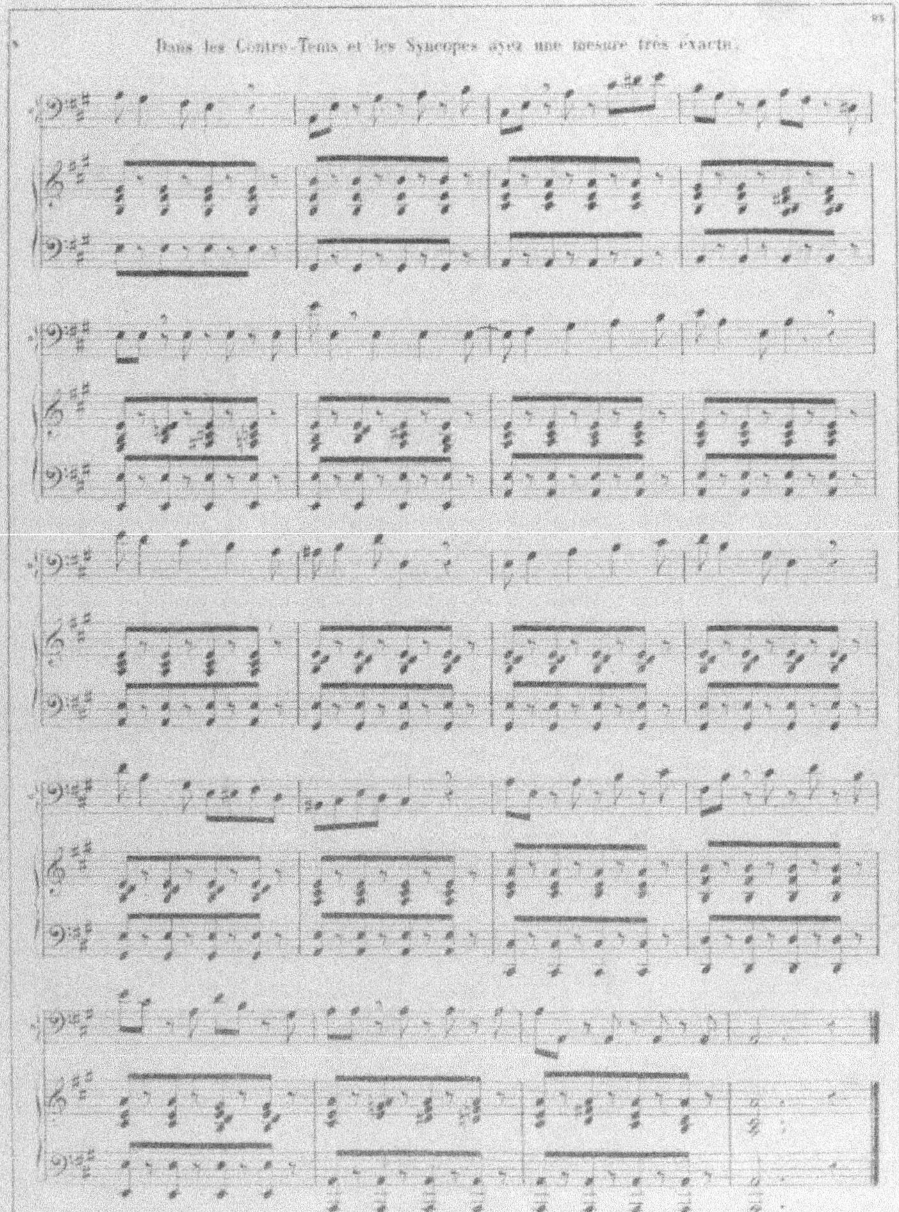

Dans les Contre-Tems et les Syncopes ayez une mesure très exacte.

Détachez bien vos notes dans cette leçon.
Allegro. (♩ = 66)
N.º 67.
p
p
f
f

Faites solfier cette leçon sans battre la mesure.
Andantino quasi Allegretto.
N° 68.

Obtenez que l'élève sente bien les tems, sans les battre.
Majeur.

LEÇON à 4/4 dérivant de la Mesure à 9/8.
Moderato. (♩ = 92.)
pp bien lié.
N.º 69.

LEÇON SUR LES DEUX CLÉS.
Andantino.
N° 70.
p

Leçon sur la Clé de Fa et la Clé de Sol
Moderato
N.° 71.

VOCALISES
Ces vocalises sont prises dans sa méthode de chant.
Andante. (♩ = 84.)
N° 72
f bien lié

Andante. (♩ = 84.)
N.º 75.
p bien lié
p

N. 74.
Andanté.
sempre legato. P
Après ces vocalises l'élève pourra prendre ma méthode de chant.

104
Andante moderato (♩ = 63.)
N.º 75.